이 책의 목적

필기체는 서명을 할 때나,
더 빠른 필기를 하고 싶을 때 쓰이며,
간판이나 로고에서도 종종 보입니다.

필기체 모양에 익숙하지 않으면,
읽을 수 없으므로 따로 익혀야 합니다.

특히 영국이나 호주에서는 아직도 많이 쓰기에
영국 유학을 준비한다면 필수로 익혀야 합니다.

누구나 쉽게 필기체를
읽고 쓸 수 있기를 바랐습니다.

그래서 알파벳 26자를,
한 글자당 1분씩 26분, 이어 쓰기에 4분,
총 30분이면 익힐 수 있도록
이 책을 집필했습니다.

차례

이 책의 목적 1

차례 2

이 책을 익히는 법 3

기본 필기체 따라쓰기 4-29

a 4

B 5

C 6

D 7

E 8

F 9

G 10

H 11

I 12

J 13

K 14

L 15

m 16

n 17

O 18

P 19

Q 20

R 21

S 22

T 23

U 24

V 25

W 26

X 27

Y 28

Z 29

a-z 소문자 이어 쓰기 30

공부명언 필기체 30 32

영어 잘하는 법 62

이 책을 익히는 법

① **4~29쪽:** 기본 필기체 따라 쓰기 **/26분**
5회는 점선을 따라 쓰고,
1회는 빈 줄에 점선 없이 씁니다.

② **30~31쪽:** a-z 소문자 이어 쓰기 **/4분**
기본 필기체를 충분히 익혔으면,
알파벳을 연결해서 따라 씁니다.

③ **32~61쪽:** 공부명언 필기체 30 **/생략 가능**
연결해서 쓰는 것이 가능하면,
실제 문장(공부명언)을
6가지 필기체로 따라 쓰며
자신만의 필기체를 만들어 봅니다.

𝒶 𝒶

30분

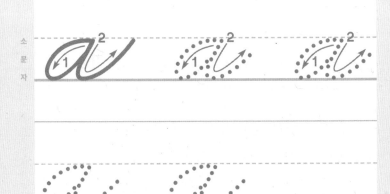

$\mathcal{B}$ ℓ

비

씨

30분

대문자

소문자

6

D d

30분

F f

에프

30분 ●●●●●●

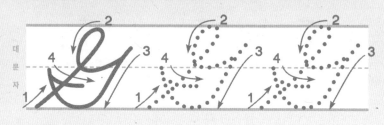

대문자

소문자

Hh

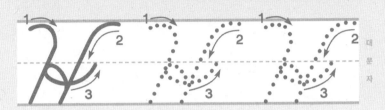

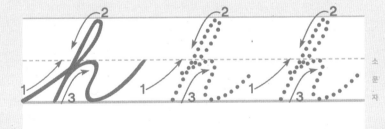

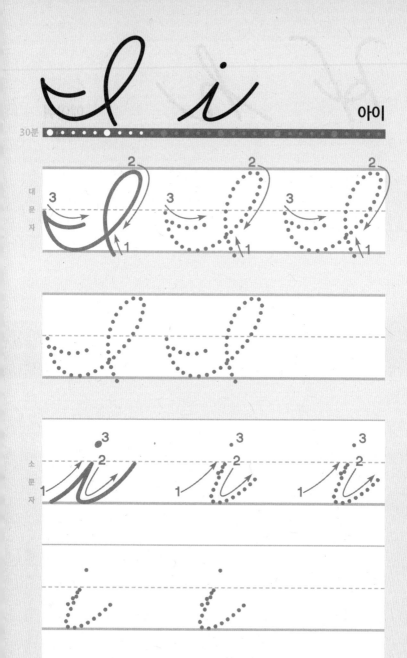

아이

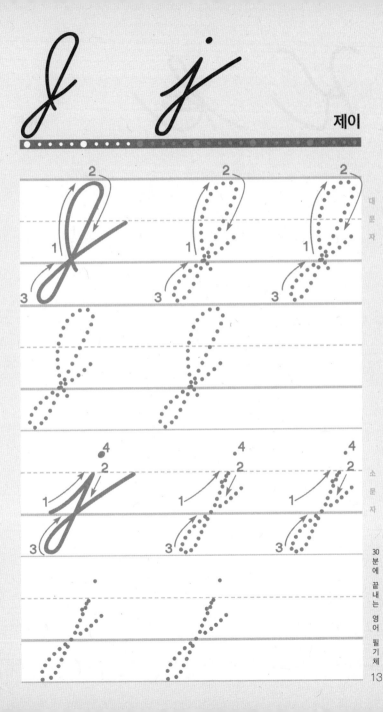

제이

대문자

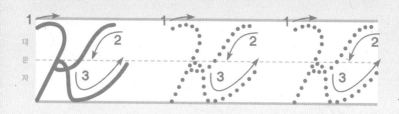

소문자

$\mathcal{L}\,\mathcal{l}$

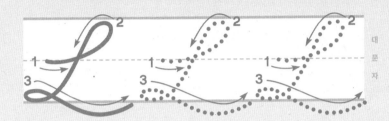

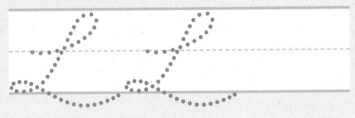

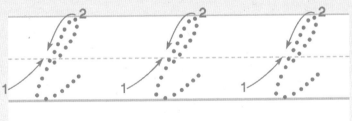

M m

대문자

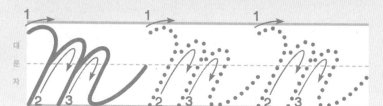

소문자

$\mathcal{N}$ n

대문자

소문자

30분에 끝내는 영어 필기체

17

30분 ●○●○●○●○●○●○○●○●○●○●○●○●○●○●○●○

대
문
자

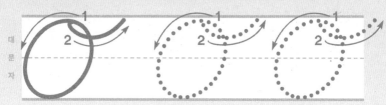

소
문
자

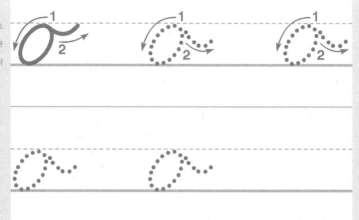

피

30분

대문자

소문자

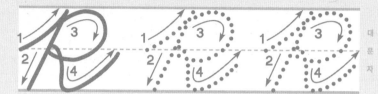

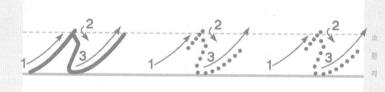

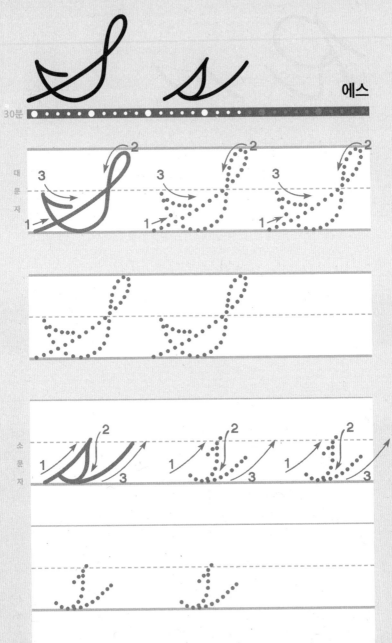

에스

대문자

소문자

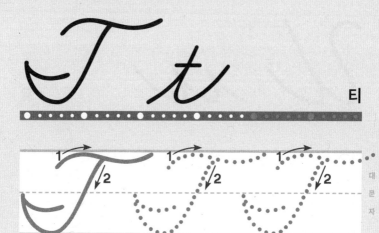

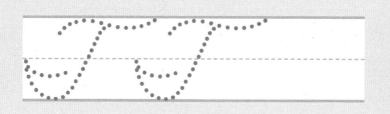

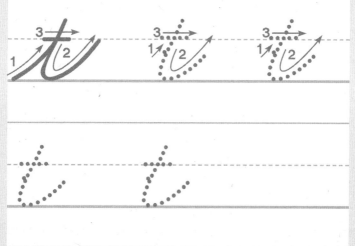

30분

브이

대문자

소문자

30분에 끝내는 영어 필기체

W w

더블유

30분

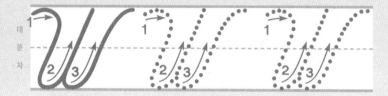

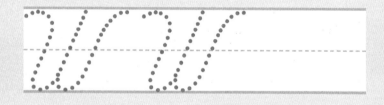

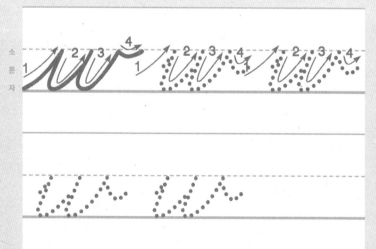

대문자

소문자

26

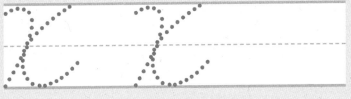

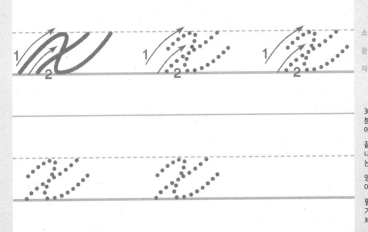

와이

지

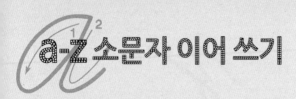

a-z 소문자 이어 쓰기

30분

a b c d e f g

h i j k l m

n o p q r s t

u v w x y z

abcdefg

hijklm

nopqrst

uvwxyz

*1 Feel the **fear** and do it anyway.*

Susan Jeffers

두려움을 느끼되 어쨌든 그것을 해라.

수잔 제퍼스

*2 Books are a uniquely **portable** magic.*

Stephen King

책은 독특하게 **휴대 가능한** 마법이다.

스티븐 킹

Feel the fear and
do it anyway.

Books are
a uniquely
portable magic.

30분에 끝내는 영어 필기체

33

*3 You may **delay**,*
but time will not.

Benjamin Franklin

당신은 **지체할** 수도 있지만 시간은 그러하지 않을 것이다.

벤자민 프랭클린

---

4 Courage is fear that has
*said its **prayers**.*

Dorothy Bernard

용기는 **기도**를 마친 두려움이다.

도로시 버나드

You may delay,

but time will

not.

Courage is fear

that has said

its prayers.

5 The future **depends**
on what we do in the
present.

Mahatma Gandhi

미래는 현재 우리가 무엇을 하는가에 **달려 있다.**

마하트마 간디

6 Tomorrow hopes we have
learned something from
yesterday.

John Wayne

내일은 우리가 어제로부터 무엇인가 배웠기를 바란다.

존 웨인

The future
depends on what
we do in the
present.

Tomorrow hopes
we have learned
something from

yesterday.

7 *A happy childhood has **spoiled** many a promising life.*

Robertson Davies

행복한 어린시절 때문에 많은 사람들이 촉망받는 인생을 **망쳤**다.

로버트슨 데이비스

---

8 *Education is a state-controlled manufactory of **echoes**.*

Norman Douglas

교육은 국가가 통제하는 **메아리**(똑같은 소리가 반복되는)의 공장이다

노먼 더글러스

A happy
childhood has
spoiled many a
promising life.

Education is a
state-controlled
manufactory
of echoes.

9 *Courage is being scared to death... and **saddling up** anyway.*

John Wayne

용기란 죽을만큼 두려워도 **말에 올라타는** 것이다.

존 웨인

---

10 *The time to **repair** the roof is when the sun is shining.*

John F. Kennedy

지붕은 햇빛이 밝을 때 **수리**해야 합니다.

존 F. 케네디

Courage is being

scared to death...

and saddling

up anyway.

The time to

repair the roof

is when the sun

is shining.

11 Reading is to the mind what **exercise** is to the body.

Richard Steele

독서가 정신에 미치는 효과는 **운동**이 신체에 미치는 효과와 같다.

리처드 스틸

---

12 If you can find just one life dream in your 20s, your 20s are very valuable.

Oi-su Lee

만약 당신이 **20대**에서 단 하나의 인생 꿈을 찾을 수 있다면, 당신의 20대 는 매우 **가치 있게** 여겨진다.

이외수

13 I respect faith, but **doubt** is what gets you an education.

Wilson Mizner

나는 믿음을 존중하지만 우리를 가르치는 것은 **의구심**이다.

월슨 미즈너

14 I hear and I forget.
I see and I remember.
I do and I understand.

Confucius

들은 것은 잊어버린다. 본 것은 기억한다. 직접 해본 것은 이해한다.

공자

15 *Isn't it a **pleasure** to study, and to practice what you have learned?*

Confucius

배우고 때로 익히면 또한 **기쁘**지 아니한가
(學而時習之 不亦說乎 / 학이시습지 불역열호)

공자

16 *Good teaching is one-fourth **preparation** and three-fourths theater.*

Gail Godwin

훌륭한 가르침은 1/4이 **준비 과정**, 3/4은 현장에서 이루어진다.

게일 고드윈

Isn't it a pleasure to study, and to practice what you have learned?

Good teaching is one-fourth preparation and three-fourths theater.

*17 Live as brave men; and if fortune is **adverse**, front its blows with brave hearts.*

Cicero

용기있는 자로 살아라; 운이 **따라주지 않는다면** 용기 있는 가슴으로 불행에 맞서라

키케로

---

*18 If we take care of the **moment**s, the years will take care of themselves.*

Maria Edgeworth

순간들을 소중히 여기다 보면, 긴 세월은 저절로 흘러간다.

마리아 에지워스

Live as brave men;
and if fortune is
adverse, front its blows
with brave hearts.

If we take care of the
moments, the years
will take care of
themselves.

19 Life is like riding a bicycle. To keep your **balance**, you must keep moving.

Albert Einstein

인생은 자전거를 타는 것과 같다. **균형**을 잡으려면 계속 움직여야 한다.

알버트 아인슈타인

---

20 If you want to see what children can do, you must stop giving them things.

Norman Douglas

아이들이 무엇을 할 수 있는지 보고 싶다면 주는 것을 멈추어야만 한다.

노먼 더글러스

Life is like riding a
bicycle. To keep your
balance, you must keep
moving.

If you want to see what
children can do, you
must stop giving them
things.

21 *If you can't* **explain** *it to a six year old, you don't understand it yourself.*

Albert Einstein

6살 아이에게 **설명할** 수 없다면, 당신 스스로도 이해하지 못하는 것이다.

알버트 아인슈타인

---

22 *There is nothing to writing. All you do is sit down at a* **typewriter** *and bleed.*

Ernest Hemingway

글쓰기에 대한 비결은 없다. 당신이 해야 할 일은 **타자기** 앞에 앉아서 (코)피를 흘리는 것뿐이다.

어니스트 헤밍웨이

If you can't explain it to
a six year old, you don't
understand it yourself.

There is nothing to
writing. All you
do is sit down at a
typewriter and bleed.

23 To acquire knowledge. one must study. but to acquire wisdom. one must **observe**.

Marilyn vos Savant

지식을 **얻으려**면 공부를 해야 하고, 지혜를 얻으려면 **관찰**을 해야 한다.

마릴린 보스 사번트

24 Study without desire spoils the memory. and it retains nothing that it takes in.

Leonardo da Vinci

욕구가 없는 공부는 기억에 **해가 될** 뿐이며, 머리 속에 들어온 어떤 것도 **간직하**지 못한다.

레오나르도 다빈치

To acquire knowledge.
one must study but
to acquire wisdom. one
must observe.

Study without desire
spoils the memory.
and it retains nothing
that it takes in.

25 *Do you love life? Then do not **squander** time. for that is the stuff life is made of.*

Benjamin Franklin

그대는 인생을 사랑하는가? 그렇다면 시간을 **낭비하지** 말라, **왜냐하면** 시간이야말로 인생을 만드는 재료이기 때문이다.

벤자민 프랭클린

---

26 *Whoever works hard and diligently will **achieve** their dreams in this life and the next.*

Buddha

누구나 방일하지 않고 부지런하면 현세의 소원을 **성취하**고 후세의 소원을 성취하게 될 것이다.

부처님

Do you love life? Then
do not squander
time for that is the
stuff life is made of

Whoever works hard
and diligently will
achieve their dreams in
this life and the next

1. Study fun things first.
2. Grasp the **big picture** first.
3. Once you know 80%, then go ahead.

Yukio Noguchi

1.재미있는 것을 먼저 공부한다. 2.**전체적으로** 먼저 이해한다. 3.80퍼센트만 알면 앞으로 나아간다.

노구치 유키오

Give a man a fire and he's warm for a day, but **set fire** to him and he's warm for the rest of his life.

Terry Pratchett

남자에게 불을 주면 그는 하루 동안 따뜻하다. 그러나 그를 **불태우면** 그는 평생 따뜻하다.

테리 프래처트

1. Study fun things first.

2. Grasp the big picture first.

3. Once you know 80%, then go ahead.

Give a man a fire and he's warm for a day, but set fire to him and he's warm for the rest of his life.

29 *All human actions have one or more of these seven causes: chance, nature, compulsion, habit, reason, passion, and desire.*

Aristotle

모든 인간의 행동은 기회, 천성, **충동**, 습관, 이성, **열정**, 욕망의 일곱 가지 중 한 가지 이상이 그 원인이 된다.

아리스토텔레스

---

30 *Training is everything. The peach was once a bitter almond; cauliflower is nothing but cabbage with a college education.*

Mark Twain

훈련이 전부이다. 복숭아도 한때는 **쓴** 아몬드였고, **꽃배추**도 대학교육을 받은 양배추에 불과하다.

마크 트웨인

All human actions have one or more
of these seven causes: chance, nature,
compulsion, habit, reason, passion,
and desire.

Training is everything. The peach
was once a bitter almond; cauliflower
is nothing but cabbage with a college
education.

영어 잘하는 법 <영어 공부법 MBTI +수준별 영어책 추천>에서 발췌

영화 한 편으로
공부했다가 실패하는 이유

저는 아무리 열심히 해도 영어를 잘할 수 없었기에, 영어 잘하는 사람을 만나면 항상 '영어를 어떻게 배웠는지'를 물어봤습니다. 국제캠프에서 만난 친구들, 영어를 전공하는 친구들, 영어 학원에서 만난 선생님들, 그리고 가르치는 학생들 등, 최소 300명 이상에게 물어보고 직접 해봤습니다.

어떤 공부법은 효과적이었지만, 전혀 효과가 없는 방법도 있었습니다. 물론 사람마다 더 잘 맞는 방법이 있지만, 그것보다는 실력이 낮아 맞지 않았던 것을 깨달았습니다.

크게 초급, 중급, 고급 단계로 나눌 수 있는데, 중급 단계를 '정확하지는 않아도 원하는 말을 모두 할 수 있는' 단계, 고급 단계를 '유창하고 정확하게 영어를 쓰는 단계'라고 정할 수 있습니다.

예를 들어, 영화 한 편을 반복해서 익히는 것은 중급 단계가 '고급 단계'가 되기 위한 방법입니다. 초급단계는 그렇게 해봤자 시간만 낭비할 따름입니다. 그 방법으로 성공한 사람들은 이미 영어 의사소통에 어려움이 없는 사람들입니다.

영어를 잘하게 되는
유일한 방법

원어민의 의사소통 89%를 해결하는 데는 1000단어가 필요합니다. 그런데 중학교에서 배우는 단어가 2000단어입니다. 중학생 수준으로도 일상회화는 충분합니다. 그런데도 한국 사람들이 '독해'는 잘하지만, '영작/영어회화'는 잘 못합니다. 그것은 영작/영어회화를 해본 적이 없기 때문입니다. 영어를 해석할 때와 말할 때는 완전히 다른 뇌와 근육을 쓰게 됩니다. 해보지 않고는 절대할 수가 없습니다.

그리고 공부할 재료의 양은 줄이고 반복해야 합니다. 영어 문장을 외우면 영어를 잘하게 된다는 말은, 외운 문장은 듣거나 말할 수 있기 때문입니다. 해석만 되던 문장을 반복해서 익히면 들을 수 있는 문장, 말할 수 있는 문장으로 바뀝니다.

영어를 잘하는 사람 들의 공통점은 '반복'입니다. 영어회화는 악기, 운동과 비슷해서 반복해야 합니다. 반복하는 동안은 실력이 느는지 잘 모르지만, 돌아보면 어느새 늘어있습니다. 특히 초/중급 단계에서는 반복해야 합니다.

한국어와 영어의 차이

반복하는 데에는 '기술'이 필요합니다. 먼저 한국어와 영어의 차이(강의: rb.gy/9sv1o)을 알고, 그 차이점을 위주로 훈련해야 합니다. 한국어는 구조가 중요하지 않지만, 영어는 구조로 의미를 전달하기 때문에 구조를 통해 말하는 방법을 훈련해야 합니다. 제 책 역시 그 구조를 영작이나 말하기로 익히는 책이 많습니다. 그 부분이 한국인에게 가장 부족한 부분이기 때문입니다.

원하는 말을 자유롭게 하기까지, '옳은 방법으로 했을 때' 짧게는 3개월이지만(이미 어느정도 공부했거나, 언어 감각이 좋은경우), 보통 6개월~1년이 걸립니다.

이 기간동안 하루 1-2시간 이상 꾸준히 공부하려면, '계기나 목적'이 있어야 합니다. 제게는 영어 때문에 놀림 받았던 것과 영어로 자유롭게 말하고 싶은 욕망이 계기였습니다. 그리고 졸업과 취업을 위한 목적이 있었습니다.

계기가 없다면 꾸준히 자극을 받아야 합니다. 학원도 좋고 유튜브 영상도 좋습니다. 전화영어나 영어 스터디도 좋습니다.

꾸준히 공부하는 법

꾸준히 할 수 있는 소재를 찾아야 합니다. 본인이 흥미있는 것과 관련된 것으로 공부해야 합니다. 그래야 더 알고 싶어서, 꾸준히 공부하게 됩니다.

그래서 저도 다양한 소재로 저서를 냈습니다. 영화 명대사로 익히는 <영화영작> 외에도, 미드 명대사, 단편소설, 연설문, 명언, 여행 에세이, 팝송, 생활영어 등 다양한 소재로 익히실 수 있도록 집필했습니다.

책 외에도 영어 공부하실 때 힘든 점들을 해결해 드리려고 최선을 다합니다. 더 쉽게 익히실 수 있도록 무료강의(rb.gy/x1ymb)도 올립니다.

쉬운 단어도 안 들리는 이유 대부분은, 발음을 잘못 알고 있기 때문입니다. 제 모든 책은 원어민이 책 전체를 읽은 MP3 파일도 무료로 제공하고 있습니다.

궁금하신 점은 카톡(rb.gy/2ettr)이나 카페(miklish.com)에 질문해주세요. 제 연락처는 010-4718-1329(가능한 문자로 부탁드립니다), iminia@naver.com 입니다. 최선을 다해 돕겠습니다. 고맙습니다.

더 많은 영어명언이 담긴 Mike Hwang의 책

챗GPT와 마이크 선생의
영어 명언 대결! 60만원 상당 상품!

챗GPT 영어명언 필사 200

너무 좋아요!
영어 울렁증으로
해도해도 반복되는 상황이었는데..
강추입니다! ㅎㅎ
- tan**

명언 5000개에서 엄선한
영어명언 365 영작 + 다이어리

영어명언 만년 다이어리

소중한 사람을 위해 선물하거나
자신에게 선물하여 영어학습을 하며
매일 일기나 메모를 할 수 있는
멋진 책입니다.
- erke20**

30분에 끝내는 영어 필기체 + 공부명언 필기체 30
1판 1쇄 2023년 12월 14일 | 1판 2쇄 2024년 7월 14일 | **지은이** Mike Hwang
발행처 Miklish | **전화** 010-4718-1329 | **홈페이지** miklish.com
e-mail iminia@naver.com | **ISBN** 979-11-87158-51-6 (14740)